L'HISTOIRE
DES
MIRACLES

RENFERMANT

UNE DÉDICACE A Mme GAGNE,

UN PRÉAMBULE HISTORIQUE

L'HISTOIRE DE MA MORT
LES MÉMOIRES DE MA VIE MIRACULEUSE
ET LE BONHEUR DU CRUCIFIEMENT

ET PROUVANT LE SATANISME
OU L'INTERVENTION DE SATAN DANS LA TOURNOMANIE,
LES ÉVOCATIONS AUX ESPRITS OU LE SPIRITISME, LE MAGNÉTISME
LE SOMNAMBULISME, LA CHIROMANCIE, LA CARTOMANCIE,
L'HYPNOTISME ET AUTRES MAGIES

PAR

M. GAGNE, Avocat des Fous,

Auteur du *Suicide*, poëme, de la *Monopanglotte ou langue universelle*,
du *Théâtre du Monde*, de l'*Unitéide*, poëme en 12 chants et 60 actes,
rédacteur en chef de l'*Uniteur*, journal universel des journaux

PRIX : 1 FRANC

Donné en prime aux abonnés de l'*Uniteur*

PARIS

CHEZ L'AUTEUR, 36, RUE MONTPENSIER
Et chez tous les Libraires.

1860

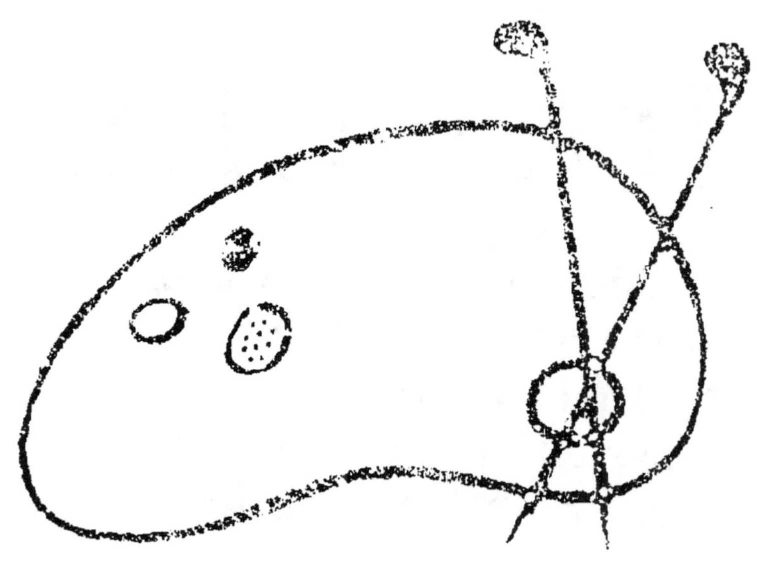

Fin d'une série de documents
en couleur

L'HISTOIRE

DES

MIRACLES

RENFERMANT

UNE DÉDICACE A Mme GAGNE,

UN PRÉAMBULE HISTORIQUE

L'HISTOIRE DE MA MORT

LES MÉMOIRES DE MA VIE MIRACULEUSE

ET LE BONHEUR DU CRUCIFIEMENT

ET PROUVANT LE SATANISME
OU L'INTERVENTION DE SATAN DANS LA TOURNOMANIE,
LES ÉVOCATIONS AUX ESPRITS OU LE SPIRITISME, LE MAGNÉTISME
LE SOMNAMBULISME, LA CHIROMANCIE, LA CARTOMANCIE,
L'HYPNOTISME ET AUTRES MAGIES

PAR

M. GAGNE, Avocat des Fous,

Auteur du *Suicide*, poème, de la *Monopanglotte ou langue universelle*,
du *Théâtre du Monde*, de l'*Unitéide*, poème en 12 chants et 60 actes,
rédacteur en chef de l'*Uniteur*, journal universel des journaux.

PRIX : 1 FRANC

Donné en prime aux abonnés de l'*Uniteur*.

PARIS

CHEZ L'AUTEUR, 36, RUE MONTPENSIER

Et chez tous les Libraires.

—

1860

TABLE SOMMAIRE.

FIN.

DÉDICACE A Mme GAGNE.

A vous, ma noble épouse et sœur en *Jésus-Christ*,
Qui partagez l'amour que le ciel me prescrit
Et portez dignement les palmes du martyre
Qu'offre l'impiété de ce siècle en délire ;
A vous l'hommage pur des *miracles* sauveurs
Que vous couronnerez des plus saintes ferveurs ;
Car vous avez compris qu'en ce brûlant calvaire
La femme d'honneur traîne un lugubre suaire,
Même au sein du plaisir des palais les plus beaux
Qui, pour elle, ne sont que de brillants tombeaux.
Oui, mon épouse-sœur, que sans tristes alarmes
Suivront partout mes yeux et mon cœur et mes larmes,
Dieu vous fait, comme à moi, comprendre que, joyeux,
Il faut mourir au monde, afin de vivre aux cieux !
Sans vous inquiéter du sort que me prépare
Le Dieu qui m'enflamma de l'amour le plus rare ;
Sans vous inquiéter du monde soulevé
Qui recrucifierait le Christ qui l'a sauvé,
Allez jetter, ma sœur, aux pieds de la croix pure
Tous les pauvres haillons d'une riche parure ;
Prenez avec bonheur l'habit religieux
Dont la Vierge forma les tissus précieux ;
Prenez avec amour la couronne d'épines
Dont Jésus-Christ porta les majestés divines.

Avec le crucifix, céleste croix d'honneur,
Décorez votre sein, votre âme et votre cœur.
Asservissez le corps pour rendre l'âme libre
Dans l'action du bien dont l'élan toujours vibre.
Désertant les écueils du monde de la mort,
Dans le ciel de la vie allez chercher le port ;
Et, fuyant de Satan la plus menteuse pompe,
Allez trouver le Dieu qui jamais ne nous trompe !

Par les ordres de Dieu qui m'inspire toujours,
Je vais faire la guerre, au périls de mes jours,
Pour chasser les démons qu'évoque avec furie
L'impiété qui veut broyer la croix bénie,
Et pour guérir les fous des Charentons fumants
Qui forment dans Paris vingt arrondissements !!
Après, quand le voudra l'amour du divin Maître,
Je prendrai les habits et les vertus du prêtre,
Et comme vous, ma sœur, dans des vœux éternels
J'irai chercher la paix à l'ombre des autels !
Dans les asiles saints où des sœurs et des frères
Nous offriront toujours les amitiés sincères,
Liés, quoiqu'éloignés, par l'amour des élus
Nos cœurs unis en Dieu s'aimeront beaucoup plus !
En priant pour tous ceux qui frappent ses oracles,
Louons Dieu qui, pour nous, fait les plus grands miracles
Et qui veut que chacun se sauve en ce bas lieu;
Manquer à son salut, c'est faire un vol à Dieu !

GAGNE.

FIN.

PRÉAMBULE HISTORIQUE

SUR LES MIRACLES DIVINS ET LES MAGIES SATANIQUES
LE *divinisme* ET LE *satanisme*.

> Afin d'ouvrir les cieux à ses fils souverains,
> Dieu fait, dans tous les temps, des miracles divins
> Pour ouvrir les enfers à ses enfants impies,
> Satan fait en tout temps d'infernales magies.

Dieu a fait dans tous les temps et chez tous les peuples les miracles les plus grands et les plus merveilleux, pour la manifestation de sa puissance et de sa gloire et pour l'instruction et le salut de l'humanité. Nous nous bornerons à citer les miracles de la création, les miracles de la punition et du pardon d'Adam et d'Eve ; les miracles du Sinaï, d'où il dicta les tables de la loi à Moïse inspiré ; les miracles de la tour de Babel renversée sur l'orgueil des hommes ; de la dispersion des peuples et de la pluralité des langues ; les miracles du déluge ; les miracles de l'arche de Noé ; les miracles des prophètes ; les miracles de l'avénement du Messie ; les miracles du Thabor, du Golgotha, de la flagellation, du crucifiement, de la résurrection et du rachat des pécheurs ; les miracles des apôtres, des saints et de la très sainte Vierge dans l'antiquité et dans les temps présents, et une infinité d'autres miracles. De son côté, dans tous les temps et chez tous les peuples, Satan a fait les plus infernales magies pour la manifestation de sa rage, de son orgueil, et la damnation des hommes. Sous l'influence du prince des ténèbres, les Mages, prêtres de Zoroastre, ont inventé la *grande magie* qui, sous diverses dénominations, a enfanté mille autres magies infernales. C'est de l'accouplement de cette magie-mère avec Satan que sont nés les fils et les filles démoniaques qu'on appelle la gnose, la théurgie, la sorcellerie, la nécromancie, l'alchimie, l'astrologie, le pytonisme, le sybillisme, la tournomanie, les évocations aux esprits ou le spiritisme, le magnétisme, le somnambulisme, la chiromancie, la cartomancie, l'hypnotisme, etc. Toutes ces magies constituent ce que nous appelons les *diaboli-évocations*, ou évocations du diable, et couronnent le *sata-nisme*, c'est-à-dire la science de Satan; tandis que les prières et invocations adressées à Dieu, suivant les prescriptions de l'Eglise à laquelle nous sommes complétement soumis, consti-tuent les *dei-invocations*, ou invocations à Dieu, et couronnent le *divinisme*, c'est-à-dire la science de la Divinité. Nous nous servons de ces dénominations pour repousser les mots d'évocations et de magnétisme, qu'on applique souvent à Notre-Seigneur Jésus-Christ. Justement foudroyées par les mira-cles divins du Christ, de la très sainte Vierge et des saints, les magies sataniques avaient gardé le silence pendant quelque temps, mais depuis quelques années elles sont sor-ties de l'abîme et elles ont fait des progrès effrayants en Amérique, en Allemagne, en France et dans le monde entier. Les *diaboli-évocateurs* ont leurs congrès à Paris, où ils enfantent jour et nuit des *diaboli-possédés*, ou fous possédés de Satan pour les maisons de Charenton et de Bicêtre et pour l'enfer. Les gens du monde qui avaient d'abord ri, commencent à pleurer devant les victimes que les esprits démoniaques font et feront à profusion dans toutes les familles par la magie du *spiritisme*, qui est la platitude la plus infernale.

Les académies s'étaient moquées à tort de ces magies, qu'elles regardaient comme un coupable charlatanisme ; le diable, pour se venger, vient de leur jouer un tour pendable : le diable, qui parle toujours par la bouche de ceux qui le nient, a fait proclamer au sein des incrédules académies, comme une chose presque divine l'*hypnotisme*, qui est la magie magnétique la plus diabolique !!

L'*esprit divin* me dit qu'il a voulu que le démon de l'hypnotisme apparût, afin que les académies que je respecte, reconnussent enfin le *satanisme* des magies. Les médecins qui ne voyaient dans les magiciens, comme dans les fous des Charentons et des Bicêtres qui forment tout Paris, que des hallucinés dignes de devenir une chair à médicament tout matériel, commencent à ouvrir les yeux et à comprendre qu'il y a parmi tous ces malheureux des possédés sataniques que Dieu daignera guérir par mes prières, et les efforts que je vais faire auprès de toutes les autorités pour être mis en leur présence et les sauver au risque de me perdre.

L'*esprit divin*, daignant exaucer mes prières ou *dei-invocations*, a bien voulu, malgré mon indignité, me rendre *dei-inspiré*, ou inspiré de Dieu, je me sers de cette expression parce que j'ai souvent entendu dire *inspiré de Satan*, au lieu de *diaboli-possédé*, et parce qu'on pourrait dire *possédé de Dieu*. J'ai acquis la plus profonde certitude, confirmée par les *Mémoires de ma vie* ci-après, que toutes les magies dont je viens de parler, attirent toujours des esprits diaboliques et font le mal le plus effrayant à la religion et à tout le monde. Afin d'arracher aux griffes de Satan tous les malheureux *diaboli-évocateurs*, afin de confondre, de convertir et de guérir tous les *magiciens*, les incrédules, les fous possédés de Satan et les malades, par devoir et par ordre, je suis résolu à tout sacrifier. Je sais que je serai d'*abord* traité de fou ; je sais que je serai jugé et condamné, peut-être avant d'avoir été entendu et vu à l'œuvre, par la patrie du progrès qui crucifie souvent ceux qui lui apportent des progrès sauveurs ! mais je me console en pensant que bientôt après les juges incrédules convertis et repentants casseront leur arrêt criminel, et viendront me donner le baiser fraternel, qui me dédommagera de tout. D'ailleurs, quand même je devrais être abandonné du monde entier, je me consolerai encore en priant pour mes bourreaux bien-aimés, et en répétant sans cesse sur le calvaire de l'isolement :

Malgré les abandons de ce terrestre lieu,
L'homme n'est jamais seul quand il est avec Dieu.

L'*esprit divin* me charge de demander très respectueusement à tout le monde, l'honneur d'être entendu et vu à l'œuvre, pour m'enfermer à jamais si je ne fais pas, au moins, une douzaine de miracles après une courte prière, sans laquelle je ne puis rien ; ou pour m'utiliser, s'il est démontré que Dieu daigne m'inspirer ! Car, de deux choses l'une : ou je suis le plus grand fou qu'il faut vite mettre à Bicêtre, ou bien je suis un inspiré dont il faut se servir pour *l'utilité publique*, qui seule me fait agir.

A ceux qui me traiteraient d'orgueilleux, je me bornerai à répondre que pour bien me faire voir que je ne suis rien sans la grâce de Dieu, l'*esprit divin, lorsque j'ai averti le public* qui, sans cet avertissement, serait en droit de me regarder comme un fou, me rend complétement muet et idiot, pendant une seconde ! En présence d'un pareil avertissement, il faudrait être le plus grand impie et le plus grand sot pour conserver le moindre orgueil. O pauvres incrédules, si Dieu vous faisait faire la centième partie des miracles qu'il me fait faire chaque jour, l'incurable cancer de votre incrédulité que je guérirai, disparaîtrait aussitôt, et vous vous prosterneriez la face contre terre pour remercier et bénir ce Dieu, qui est notre meilleur père et notre plus tendre ami.

O mortels ! pensez bien qu'à Dieu tout est possible,
Et vous étoufferez vos doutes conjurés !
Pensez bien qu'aujourd'hui, par sa grâce invincible,
Dieu peut comme jadis faire des inspirés !
Grand Dieu dont les bienfaits effacent tous nos crimes,
Faites briller partout votre amour souverain ;
Et sortant aussitôt des plus profonds abîmes,
Tout criera comme moi : *Gloire à l'esprit divin !*

L'esprit divin, qui me fait frapper à coups redoublés à la poitrine des pécheurs pour le

salut desquels je consens à accepter toutes
les peines du purgatoire, me dit de conserver la certitude que les magiciens évocateurs
et autres, qui se déchirent comme des tigres
en niant Satan qui parle par leur bouche,
renonceront bientôt à évoquer les *esprits* de
Satan, qui se moque justement de ses bouffons
et leur fait dire des choses si plates et si in-
fâmes qu'elles feraient rougir de honte les
hommes les plus sots et les plus scélérats !
Cette certitude bénie donne des ailes à mon
amour, prêt à se crucifier pour ramener la
folie et l'impiété, reines du monde, à la raison et à Dieu.

GAGNE, *avocat des fous.*

PREFACE.

L homme qui ne vit pas en chrétien véritable
Est un mort qui n'a point de tombe secourable.

L'homme qui ne vit pas en véritable chrétien n'existe pas et ne connaît point le bonheur ; vivre en véritable chrétien, c'est observer complétement tout ce qu'enseigne la religion. C'est pour cela que j'appelle *Histoire de ma mort* le temps pendant lequel j'ai vécu en mauvais chrétien, et c'est pour cela que j'appelle *Mémoires de ma vie* l'époque depuis laquelle l'*Esprit divin*, en foudroyant mon scepticisme dans la certitude et en me faisant faire les miracles les plus éclatants dont on ait jamais entendu parler, m'a rendu plus chrétien et m'a donné ainsi la *vie* et le *bonheur*, même au milieu de certaines souffrances transformées en félicité par la résignation, ce qui justifie un petit poème de clôture à cet ouvrage en prose.

Je ne saurais trop répéter que, comme me l'ont dit de saints personnages, l'*Esprit divin* m'ordonne d'agir, *sans peur* et *sans reproche*, pour l'*utilité universelle*, quoique je doive être mitraillé par tous les canons rayés des ridicules fabriqués dans les arsenaux de la presse. Si je ne marchais pas, je serais justement fusillé pendant l'éternité, comme le plus lâche soldat de Dieu! J'avertis, très respectueusement, les personnes qui me regarderont comme un fou, que, si je suis plus chrétien qu'elles, elles sont plus folles que moi, car le simple sens commun nous dit que :

Puisque de leur salut ils négligent les soins,
Les hommes les plus fous sont ceux qui croient le moins!

Je vais plaider pour le salut de tout le monde, en prêchant le *bonheur du crucifiement* ! J'espère guérir l'incurable cancer de l'incrédulité qui dévore l'humanité, que j'aurai presque tout entière, pour clientèle, malgré sa volonté.

O pauvres mécréants, sachez que, malgré vous,
Vous serez les clients de l'*Avocat des fous* !

FIN.

L'HISTOIRE DE MA MORT.

Je suis né le 9 juin 1808, à Montoison (Drôme).
Mon père était simple propriétaire ; ma mère,
née Fiéron, était originaire de Valence. Ils
avaient l'un et l'autre le plus profond attache-
ment pour leurs enfants, au nombre de cinq, qui
répondaient vivement à leur affection. Je crois
pouvoir dire qu'ils ont toujours joui de l'estime
publique. J'étais le plus jeune de la famille. Dès
l'âge de neuf ans, j'ai senti un chagrin intérieur
qui empoisonnait toutes les occasions de la félicité. Ce chagrin désespérant fut bientôt accru
par la mort presque subite des trois frères et sœur
qui me restaient, et que je perdis à l'âge de treize
ans. Frappés, comme moi, de la plus terrible
douleur par ces trois morts cruelles, mes parents
quittèrent ce pays, et vinrent se fixer à Montélimar. Après un an de séjour dans cette ville, j'eus

le malheur de perdre ma trop sensible mère, qui n'avait que cinquante-trois ans. Ma douleur fut élevée au dernier degré par la mort de cette tendre ι ère, qui cherchait à me distraire et à me rendre gai en chantant et en jouant avec moi, malgré les tortures qui la conduisirent au tombeau. Rien ne peut effacer les douleurs et les larmes de la jeunesse, privée tout à coup de presque toute la famille qui offre les plus douces joies.

J'ai fait rapidement, à Montélimar et à Valence, mes études classiques ; j'ai fait deux ans de cours de droit à Grenoble et un an à Paris.

Après avoir été reçu avocat, j'ai plaidé pendant quelque temps à Montélimar. Peu de temps après, je suis venu à Paris, où j'ai été inscrit au tableau de l'ordre comme avocat, mais où je n'ai plaidé qu'une fois, dans une bande de vingt-huit voleurs. J'avais pour client un jeune homme de vingt-trois ans, accusé de trente-deux vols et de tentatives d'assassinats ! Il préférait la condamnation à quinze ans de travaux forcés à huit ans de réclusion. C'est à Paris que, dans un moment de maladie et de désespoir, je composai un poème d'environ trois mille vers, intitulé : *le Suicide*, où je mets en scène un jeune homme aux prises avec le malheur, auquel il va lâchement s'immoler après avoir maudit la société, lorsque, éclairé par la foi, et comprenant que le véritable hé-

roïsme consiste à supporter le fardeau de l'adver-
sité, il renonce à son criminel projet, se dévoue
à Dieu, et bénit la société qu'il avait anathéma-
tisée. Parmi les personnes qui avaient rendu
compte du *Suicide* dans les journaux, je dois citer M. Ottavi, jeune Corse, qui en parla dans le
journal *le Globe* du 23 octobre, je crois, 1841.
Au moment où je m'apprètais à aller le remercier de cet article, j'appris qu'il venait de mourir, et que son convoi funèbre avait lieu à l'instant même. Jamais mort, après celle de mes
pauvres frères, sœur et mère, ne m'avait causé
plus d'émotions et de douleurs. Ne pouvant remercier le vivant, je voulus au moins remercier
le mort. Je suivis, en versant un torrent de larmes, le cercueil du pauvre jeune homme jusqu'au
cimetière, où plusieurs discours furent pronon-
cés sur sa tombe arrosée de pleurs, et sur laquelle
j'exprimai mes sensations avec une émotion qui
fut partagée par tous ceux à qui j'en fis connaître le motif. Toutes ces circonstances contri-
buaient à l'accroissement de mes chagrins,
qu'excitaient sans doute le manque de religion
vraie et une conduite un peu relâchée. C'est aussi
à Paris que j'ai composé la *Monopanglotte*, ou
langue universelle, qui consiste à faire une langue universelle avec les mots-racines de toutes
les autres langues.

J'ai composé un peu plus tard un poëme intitulé : *l'Océan des catastrophes*, sur le tremblement de terre de la Guadeloupe, l'incendie de Hambourg, etc. Cet ouvrage faillit être ma propre catastrophe, parce qu'un accident arrivé à l'imprimerie le mutila, le retarda et en empêcha la vente.

Je retournai à Montélimar en 1847, époque à laquelle j'eus la douleur de perdre mon père. Je restai seul avec ma belle-mère, que mon père avait épousée en secondes noces, et qui m'a toujours traité comme son propre enfant.

Lorsque la révolution de 1848 éclata, je fus obligé de me mêler, comme tout le monde, au mouvement. Je fis tout ce que je pus et devais pour établir la conciliation et la véritable fraternité. C'est sans doute à cet esprit conciliateur que je dus l'honneur d'être nommé membre du conseil municipal, premier adjoint et bâtonnier de l'ordre des avocats. — J'eus l'intention de me mettre sur les rangs comme candidat à la Constituante. Ainsi que tous les autres compétiteurs, je débitai force harangues sur tous les tréteaux publics du département de la Drôme. Je jetai par les fenêtres un argent dont j'avais besoin, et j'eus l'honneur et le bonheur de n'être pas nommé. Je composai plusieurs chants patriotiques, j'en débitai même un au pied de l'arbre de vie de la liberté, ce qui ne l'empêcha pas de mourir quelque temps après et de tomber, dit-on, sous les coups de hache d'un démocrate, qui en alluma son feu. Je devins aussi rédacteur en chef d'un journal intitulé *l'Espérance*, qui plus tard est morte dans le plus cruel désespoir.

Je revins bientôt à Paris, où je fus reçu par le fameux Abd-el-Kader, à qui j'avais adressé des vers qu'il me permit de lui dire en partie, et qui me combla de politesses ; je disais alors que cet Arabe était moins Arabe que beaucoup de Français. En 1853, j'eus l'occasion de revoir mademoiselle *Élise Moreau*, que j'avais vue il y avait dix ou douze ans à l'Athénée, aux discussions littéraires duquel j'avais pris part ; je demandai sa main, et le 28 avril j'avais le bonheur de m'unir à elle par les liens sacrés du mariage. A partir de ce mariage poétique, je me suis entièrement consacré aux lettres. Conjointement avec madame *Gagne* j'ai fait publier un journal intitulé le *Théâtre du monde*. Après avoir été autorisés par le conseil impérial de l'instruction publique, nous ouvrîmes, madame Gagne et moi, sous le titre de *Théâtre du monde — Parnasse français*, un cours gratuit de littérature, où tous les poètes et littérateurs venaient dire tour à tour de la poésie ou de la prose. La première séance solennelle eut pour

moi un attrait immense, car j'y avais réuni miraculeusement neuf muses, au milieu desquelles
je me trouvais seul et dont j'étais nécessaire-
ment l'Apollon !

L'ardent désir de faire triompher ces cours ou
tournois littéraires, que je crois utiles au déve-
loppement de l'intelligence agrandie par l'art
fécond de la parole, m'engagea à solliciter l'ap-
pui de M. Dumas père, qui, pendant un jour
d'été, me reçut sans chapeau, sans cravate et
sans veste ; il m'accueillit fort gracieusement en
me tendant la main ; mais quand je lui dis que
j'étais autorisé par le Conseil académique, croyant
qu'il s'agissait de l'Académie française, dont il
ne veut pas, il entra dans un accès de fureur, il
me dit que presque tous les fauteuils de l'Académie étaient volés, et que, s'il était magistrat, il
ferait condamner tous les académiciens aux ga-
lères !! L'illustre écrivain me dit ensuite que
mes cours ne feraient pas un poète, parce qu'il
n'en existait réellement point !.. On ferait bien,
disait-il, de supprimer tous les *petits* poètillons
qui, comme des plantes parasites, font un tort
immense aux *grands*. Puis, grandissant toujours
de fureur et d'orgueil, il me dit, en poussant des
rauquements, ces paroles pleines de modestie :
Le siècle actuel a fait son effort, il a produit
trois grands hommes, Victor Hugo, Lamartine

et MOI! *Il n'y a plus rien !!!* Je crois que je lui répondis mentalement avec la même modestie : *Et moi donc !* et je partis, me demandant si je n'avais pas parlé à un fou furieux plutôt qu'à un homme de génie ; il est vrai que M. le docteur Moreau dit que le génie est voisin de la folie ! Qu'il me soit permis d'ajouter que le génie irréligieux est voisin de la folie satanique, tandis que le génie religieux est voisin de l'inspiration divine. — Ma passion pour l'art oratoire me fit prendre quelques leçons des grands maîtres de l'art. Je déclare que celui qui m'a donné la meilleure leçon est le tambour battant du Palais-Royal à l'heure de la retraite ! car son roulement m'apprit à faire rouler ma langue et à la dérouiller. Je dois dire aussi que M. Duprez m'a appris beaucoup en me disant, une seule fois, qu'il ne donnait pas de leçons ! La manière dont il a prononcé ces mots m'a enseigné à parler avec toute l'ampleur de la langue ronflant contre les parois de la bouche. J'avoue que j'avais pensé un instant au théâtre, mais lorsque j'entendis au Théâtre-Français le vieux Lafon, j'en fus désenchanté, parce que je vis qu'il me serait à jamais impossible d'atteindre sa désolante et admirable perfection. A peu près à cette époque, je faisais partie d'un congrès de linguistique, où j'exposai ma langue universelle, que l'on faillit arracher par lambeaux, et où j'eus à lutter contre les plus terribles et les plus comiques tempêtes. Je fis connaître à ce même congrès ma *correspondance universelle des langues,* qui consistait à faire correspondre les mots des différentes langues réduits à un nombre égal, par des chiffres arabes. Je n'admettais que le simple singulier radical dans les noms, disant avec raison que les articles *le, la, les,* faisaient assez connaître le genre et le nombre. Je ne conjuguais que le verbe *être,* toujours en français. Le passif était exprimé par les prépositions *de, par,* etc. Avec ces simplifications, je soutenais qu'il serait excessivement facile de faire une langue universelle à l'aide des chiffres arabes, qui deviendraient inutiles au cas d'un dictionnaire unique, qui, en empruntant sa richesse aux mots racines des autres, les renfermerait toutes dans son monument, et permettrait à cette langue d'être parlée à l'instant même par tout le monde. Pour donner une idée de ma *correspondance* des langues, qui en même temps aurait servi de langue universelle, en simplifiant les principes de ma monopanglotte, voici un court exemple sans chiffres, car je suppose tout réduit à un seul dictionnaire *panglotte :* pour dire : J'aimais la France et les Français, et j'étais aimé par la France et par les Français, je disais : *J'étais aimer la France et les Français et j'étais aimer par la France et par les Français.* C'est là le langage de la nature que parlent, au reste, tous les étrangers. Mais, hélas ! nous n'aimons pas le simple, le clair et le facile ; il nous faut, en tout et partout, du composé, de l'embrouillé et du difficile , c'est le progrès à la mode! Par suite de maladie, surtout, nous quittâmes Paris, et nous allâmes à Montélimar habiter notre petite propriété, appelée le *Bouton d'or.* Qu'il me soit permis de dire, par reconnaissance, que madame Gagne a trouvé l'accueil le plus poétique et le plus flatteur parmi toutes les dames et tous les habitants de cette ville, qu'elle voyait pour la première fois. C'est à Montélimar, la patrie du nougat, que j'ai repris et terminé mon grand poème, intitulé *l'Unitéide*, qui a pour but de tout conduire à l'unité de peuple, de monarque et de divinité. J'ai composé une grande partie de ce poème, en douze chants, soixante actes et plus de vingt mille vers, à l'ombre de deux gigantesques lauriers et dans l'allée dominante du *Bouton d'or*, qui s'élève en amphithéâtre et d'où l'on découvre la plus riche plaine que l'on puisse contempler sur les bords du Rhône, ce roi majestueux des fleuves, qui l'arrose et la fertilise, quand il ne la dévaste pas par les inondations. Plusieurs journaux de la province et de Paris ont consacré des articles plus ou moins flatteurs à *l'Unitéide*. La *Gazette de France* a parlé deux ou trois fois de ce poème par la plume de M. Guttinguer et de M. Tiengou, qui s'est trompé quand il a dit, dans un article du 10 août 1859, que j'avais voulu établir le rachat de l'enfer ; car je déclare que j'ai voulu respecter le dogme de l'éternité de l'empire infernal.

Après trois années de séjour à Montélimar, nous revînmes à Paris en 1858. Pensant que les journaux qui pourraient faire un bien immense, en célébrant les œuvres et les actions morales, faisaient beaucoup de mal en donnant aux mauvaises choses une publicité qui encourage le crime, et en se déchirant mutuellement, j'ai fait publier un petit journal en vers, intitulé *Journalophage*, que j'ai tué volontairement au septième numéro, pour obéir à madame Gagne, et sans doute à ma conscience, qui me disait que je mettais trop d'animosité personnelle, quoique mes critiques eussent une justesse qui a été reconnue par presque toute la presse, au sujet de la publicité donnée à l'affaire *Lemoine*, au *Père prodigue*, de M. Dumas, et à d'autres *scandales*. Sous le titre de *Théâtre du monde*, nous avons ouvert, pendant quelque temps, des cours gratuits de littérature, où j'ai dit de mémoire plusieurs passages de *l'Unitéide*.

J'ai publié une petite brochure, portant

date de 1859, et intitulé *les Vendeurs du Temple* et *la Voix du Salut*, dans laquelle je parlais de la malheureuse affaire *Mortara*, ainsi que du moyen d'arriver à l'unité et au salut, et que je terminais par ces quatre vers qui termineront aussi l'*Histoire de ma mort* :

O divine unité que Dieu veut et féconde ;
O divine unité qui soulèves le monde,
Viens, viens régner sans fin sur le trône et l'autel
Et répandre partout le bonheur éternel !

En finissant l'*Histoire de ma Mort,* ainsi aplée non-seulement à cause de mille tribulations, mais surtout à cause de l'état de péché *mortel* où mon âme se trouvait, je dois ajouter qu'il m'est dit par l'*Esprit divin* que très souvent la grâce surnaturelle m'avait parlé avant de m'avoir foudroyé, et aurait dû faire tomber mon scepticisme et me convertir, comme elle parle très souvent à plusieurs personnes qui pourraient facilement s'en apercevoir, et, dès lors, se convertir, si elles surveillaient bien les mouvements de leur corps, leurs pensées, leurs paroles et leurs actions, que nous croyons toujours venir de nous-mêmes, quand elles viennent la plupart du temps de Dieu ou de Satan. L'homme a trois états : celui de son libre arbitre, celui de l'influence satanique, à laquelle il peut et doit toujours résister, et celui de l'influence céleste, à laquelle il doit toujours obéir. Mais, hélas! lorsque l'esprit divin ne nous terrasse pas ainsi qu'il m'a terrassé, nous n'y faisons pas attention, et si nous écoutons quelquefois les avertissements de l'autorité humaine, nous n'écoutons presque jamais les avertissements de l'autorité et de la grâce divines, quoique leur inobservation doive souvent nous attirer la suppression de la vie et du salut éternel. O pauvres pécheurs, afin de n'être pas exposés à faire l'*histoire de votre mort* pendant votre vivant et afin d'avoir le mérite de toutes vos bonnes actions, au lieu d'attendre les ordres foudroyants de l'Esprit divin, sortez donc sans retard de l'abîme du doute, soumettez-vous donc avec votre propre libre arbitre à tout ce qui vous est prescrit par la loi évangélique et la religion. Soyez maîtres de vos passions, devenez les esclaves de Dieu, si vous voulez trouver la véritable et sainte liberté qui nous conduit toujours au bien.

GAGNE.

FIN.

LES MÉMOIRES DE MA VIE MIRACULEUSE.

MIRACLES ET RÉVÉLATIONS.

Seuls, les dignes chrétiens ont la clef de la vie
Sur terre et dans les cieux où leur âme est ravie.
Tous ceux qui nieront Dieu dans ces miracles saints,
Par l'incrédulité seront toujours atteints.

Quelques mois après notre retour à Paris, en
1858, je sous-louai mon salon à une société d'é-
vocateurs, rue de Valois, 35. Je me moquais des
évocations de cette société, dont je ne faisais pas
partie ; cependant, ne pouvant point penser que
des hommes sérieux pussent se réunir pour faire
les plus plates niaiseries, ce qu'il faudrait néces-
sairement supposer, s'il n'y avait rien, nous
avons essayé, madame Gagne et moi, des évocations qui ne nous ont pas laissé le moindre
doute sur l'intervention réelle des Esprits ; mais
lorsqu'un soir, laissant guider ma main par l'influence surnaturelle, j'ai fait, involontairement,

la chose la plus immorale, je me suis écrié C'EST SATAN !

Très souvent, quand je faisais des évocations, j'entendais le démon au bout de ma plume, me dire : *Livre-toi au diable et tu marcheras.* Persuadé que Satan intervenait dans les évocations, je me suis adressé directement à Dieu. Je l'ai prié de m'éclairer. Après un mois environ de prières, j'ai senti, dans une nuit mémorable, mes bras sortir de mon lit et faire le signe du crucifiement en s'étendant, pour me dire qu'il fallait être prêt à tous les sacrifices. J'ai entendu une voix toute-puissante au sommet de ma tête, et avec laquelle je pouvais faire la conversation; j'ai pris le crucifix qui avait été donné à madame Gagne par deux saintes demoiselles de Montélimar; j'ai entouré ce crucifix d'un chapelet également donné à madame Gagne par une jeune et sainte religieuse; je suis allé seul dans la salle où se faisaient les évocations infernales; ô miracle étonnant et épouvantable! à l'instant, un mouvement de rotation irrésistible s'est emparé de moi; je tournais comme une toupie autour de la table satanique, que je couvris de crachats et de bave, et d'où s'échappaient les esprits démoniaques par la présence du crucifix que je tenais toujours à la main : *Satan et Dieu se disputaient mon corps et mon âme !!* Je fus même

terrassé à plat ventre ; j'entendis très distincte-
ment les esprits frapper dans les murs en signe
de triomphe ; je me sentais enterrer tout vivant
par les démons. Dieu, qui me fit voir un esprit
satanique sous la forme d'un chat, me dit dans
sa miséricorde qu'il voulait que les choses se pas-
sassent ainsi, pour me punir de mes criminelles
évocations défendues par l'Église. Pendant que
j'étais terrassé, quoique relevé sur mon séant,
je vis entrer deux médecins que madame Gagne,
justement effrayée, avait fait appeler. A l'aspect
de l'un d'eux, contre lequel j'avais une petite
dent, parce qu'il avait dit qu'avant de me marier
j'avais fait la cour à la muse de *Lui*, je sentis
un peu de dépit, que la grâce divine dissipa aussitôt. Je n'avais sans doute qu'à parler pour me
sauver, car je suis certain que j'avais toute ma
raison, mais Dieu, afin de me faire expier mes
fautes passées et présentes, m'ordonna le mutisme le plus complet, et je le gardai. Je ne répondis rien aux docteurs qui me parlaient, ni à
personne. Ce silence divin fut regardé comme
une folie, et à l'instant les médecins qui dirigent
la maison de santé de Picpus décidèrent qu'il
fallait m'y conduire. J'avais prédit la veille que
cela arriverait ; loin de m'irriter contre cette dé-
cision, la voix céleste qui me parlait me fit prendre le crucifix et me le fit appliquer sur les lèvres

un peu récalcitrantes des docteurs. Quand il fallut sortir de mon domicile, je versai un torrent de larmes, parce qu'il fallait me séparer du manteau de mon père et du portrait de ma mère, pour lesquels Dieu m'avait donné un amour que rien ne peut exprimer. J'avais beau faire signe aux docteurs de me laisser emporter ces saintes reliques; dans leur empressement, ils n'écoutèrent ni gestes ni pleurs. La voix divine me dit d'en faire le sacrifice, j'obéis et je suivis les médecins. Au moment où je sortais, le crucifix s'imprima avec une force extraordinaire sur mes lèvres pour m'imposer de nouveau un mutisme d'où dépendait mon salut éternel. Dans le but de consoler leur nouveau pensionnaire, les docteurs faisaient dire que nous allions faire un *bon diner !* A ces mots tristes et comiques, l'influence surnaturelle me fit lever le crucifix vers le ciel et me fit répondre mentalement : *Pardonnez-leur, mon Dieu, ils ne savent pas ce qu'ils font !* On me fit monter dans une voiture, et je partis pour le calvaire de Picpus. Les faits les plus miraculeux se sont passés dans la voiture, les voici : La voix divine m'ordonnait souvent de presser crucifix sur mon cœur; lorsque je voulais regarder par la portière, la voix me disait : *Tu es curieux,* et à l'instant ma tête était détournée comme par un ressort. Quand le docteur demanda à madame Gagne des renseignements sur mon genre de vie, la voix divine me dit : *Bouche-toi les oreilles, on va dire de toi des choses qui pourraient t'irriter,* et mes deux mains furent surnaturellement portées vers mes oreilles, qu'elles pressèrent fortement. Un instant après, l'esprit divin m'ordonna de me marquer le front avec le crucifix ; la grâce m'aidant, j'écorchai légèrement mon front aux yeux du docteur, qui me laissa tranquillement faire. J'avoue à ma honte que je n'aurais pas été fâché qu'il m'en eût empêché ! ! ! Qui est-ce qui osera soutenir que le sang, les nerfs ou la matière peuvent m'ordonner et me faire accomplir des actes pareils ? Mais tout cela est peu de chose, avançons. Nous arrivâmes bientôt à la maison de santé. Dès mon entrée dans ma petite cellule, l'*Esprit divin*, qui me faisait subir le plus terrible examen de conscience, m'ordonna de me frapper la tête contre le galandage pour en faire sortir le démon de l'orgueil ; j'obéis, et la voix divine me dit : *C'est bien, mon ami !* Une autre fois, l'*Esprit divin*, satisfait de mon sacrifice le plus épouvantable et le plus illimité, me cria triomphalement : *C'est bien mon ami* DONT JE SUIS L'AMI ! ! ! A ces mots, je me sentis divinement transfiguré : c'étaient des prières, des transports, des extases, des béatitudes que les anges du ciel peuvent seuls bien comprendre!!! Lorsque le garçou vint me faire coucher, la première nuit de mon arrivée, la voix divine me dit de lui offrir mon cache-nez pour le disposer à la bienveillance; comme le mutisme m'était toujours imposé, je fis signe à ce brave garçon de prendre mon cache-nez; voyant dans mes gestes un signe de folie, il dit à sa femme que j'allais *gigotter* et qu'il fallait m'attacher. Sans autre forme de procès, il me passa des caleçons et une camisole, et me garrotta à la renverse sur le lit. Quand il fut parti, en me contemplant dans cette position, qui, en toute autre circonstance, m'aurait désespéré et fait pleurer de rage, je ne pus pas m'empêcher de rire! La bonté divine voulut sans doute qu'il en fût ainsi pour mon propre bien, car ce costume de fou m'empêcha d'avoir froid, et jamais je n'ai passé une meilleure nuit! Le lendemain matin, le garçon vint assister à mon petit lever, et me servit un friand déjeuner auquel je faisais les doux yeux, car je n'avais presque rien mangé depuis deux jours. Je me mis à table sans avoir dit mon *Benedicite* et devant l'œil de Dieu, que je ne pouvais pas plus regarder que le soleil. A l'instant, la voix divine me reprocha sévèrement de n'avoir pas prié; l'influence surnaturelle courba mon front contre le parquet de carreaux et me fit faire une épouvantable culbute à la renverse.

J'étais terrifié; le garçon entra, dit que j'avais déjeuné, quoique je n'eusse presque rien mangé, et m'attacha sur un énorme fauteuil percé. Au lieu de me lamenter, je me résignai à la volonté de Dieu, qui fait un bonheur de toutes les souffrances supportées saintement; soutenu par la grâce, je me figurai chrétiennement, et non point follement, que j'étais sur le plus beau trône universel du monde, et je m'écriai mentalement en souriant et en m'admirant : *Voilà le monarque universel!* Dans mon orgueilleuse et sotte vanité, j'avais dit quelquefois, avant mon inspiration, que je consentirais, *par dévouement,* à accepter la monarchie universelle et le sceptre du monde! Dieu me mettait à ma place!... Combien de souverains ont été, sont et seront ainsi détrônés! Je dois me consoler sans doute en pensant au calvaire sanctificateur de Napoléon Ier à Sainte-Hélène, et surtout en pensant religieusement au calvaire sanglant et rédempteur de Notre-Seigneur Jésus-Christ au Golgotha. Ce sont les calvaires et les croix qui sacrent les rois et les sujets, mettent sur leurs fronts les plus saints diadèmes et leur ouvrent les cieux!

Pendant que j'étais attaché, heureux et triomphant, sur le trône percé des fous, quoique j'eusse la raison la plus lucide, je crus un instant que j'allais mourir; ma tête se pencha sur ma poitrine, j'entendis scier mon cercueil, auquel je prenais part, je m'y voyais mettre dedans, je me voyais ensevelir, je voyais la résurrection, le jugement dernier et le ciel! et, chose merveilleuse et miraculeuse, le garçon et le docteur, qui arriva tout à coup, sentirent comme moi l'odeur de mon cadavre!!! Pour me rassurer, le docteur dit que je touchais à ma fin! Soudain l'influence surnaturelle me ressuscita, me guérit complétement, me releva la tête, et me fit lancer mentalement, sur le dos du médecin qui partait, une épithète foudroyante!

Le surlendemain de mon arrivée à la maison de santé, je demandai à Dieu la permission de rompre le mutisme qui m'était imposé et de me délivrer de la voix que j'entendais et qui me faisait comprendre, avec la rapidité de l'éclair, des choses que je n'avais jamais comprises, en me disant : *Tu comprends! tu comprends!!* Je n'eus qu'à vouloir parler, et je parlai, je n'eus qu'à dire, en tremblant, que je ne voulais plus entendre la voix, et je ne l'entendis plus! Il y a à Charenton, à Bicêtre et dans mille autres maisons de fous, des millions de malheureux qui se guériraient aussi promptement que je l'ai fait! O docteurs aliénistes, que de leçons salutaires Dieu vous donnerait si vous vouliez bien l'écouter! Soutenir que c'est le sang, les nerfs,

l'imagination, l'hallucination ou la stupide matière qui ont fait tout cela, c'est se dégrader et
se déshonorer devant Dieu et devant les hommes,
c'est faire la plus plate des niaiseries. Si jamais
quelque chose a pu me confirmer que Dieu était
en moi, c'est la facilité avec laquelle j'ai pu dé-
truire le *mutisme* et la voix qui me parlait. Aujourd'hui, l'influence surnaturelle dirige mon
corps et mon intelligence, et me fait faire des
miracles qui dépassent tous ceux de l'antiquité
et des temps modernes; eh bien! je n'aurais qu'à
dire, criminellement : *Je ne veux plus rien
avoir et je n'aurais plus rien !* Je me trompe,
je suis avec Dieu. qui me conduit au bien et vers
le ciel; si je disais : *Je ne veux rien*, je serais à
l'instant même avec Satan, qui me conduirait
au mal et vers l'enfer. L'*Esprit divin* m'a puni
de ce que j'avais brisé trop promptement le mutisme, et surtout de ce que j'avais repoussé sa
voix céleste, car je faillis me broyer les reins
dès le lendemain, et me tuer en cherchant à fuir
pour aller rejoindre madame Gagne, qu'on ne
voulait pas me laisser voir et que je croyais dé-
sespérée ou morte de chagrin. Les docteurs furent, sans doute, stupéfaits de m'entendre parler.
Je pouvais sortir tout de suite de l'établissement,
mais à cause de ma blessure aux reins, j'y restai
encore quelques jours. Enfin je revins au domi-

cile conjugal. Pendant quelques semaines, je restai dans mon état naturel, que j'appelle l'*état de dindon* par rapport à l'état surnaturel, qui élève l'homme au dessus de l'humanité, par toutes les facultés du corps et de l'entendement, et qu'on peut appeler l'*état angélique!* Après avoir prié et demandé pardon, j'obtins tout à coup, de la miséricorde divine, la guérison de mon mal de reins et la faculté surnaturelle la plus extraordinaire. L'*Esprit divin* m'offre de multiples visions, me fait faire des milliers de miracles et me donne des révélations religieuses et politiques qui, si elles étaient écoutées, pourraient établir la paix la plus sainte et la plus universelle, mais la politique est timbrée et je ne veux pas être timbré ici moi-même, par motif d'économie, et parce que ce n'est pas le temps ni le lieu : *Non est hic locus.*

Ainsi que je l'indique en tête de mon journal l'UNITEUR, qui aura tous les écrivains du monde pour rédacteurs, l'*Esprit divin*, qui daigne m'inspirer, m'attire avec force vers les objets sacrés, vers les pauvres et les petits enfants, devant lesquels je tombe en extase en versant des larmes de béatitude. L'*Esprit divin* me permet de reconnaître la moralité et la vérité de tout. Si j'allais dans des séances publiques, je me mettrais à genoux, je ferais une courte prière, je dirais :

Mon Dieu, que votre volonté soit faite, et l'on verrait les miracles les plus étonnants, qui ne se produiraient pas si je voulais les faire par moi-même ! Toute incrédulité doit tomber devant de pareils phénomènes. Chez plusieurs personnes, l'influence m'a fait reculer devant des livres immoraux et avancer vers des livres de morale, ainsi que vers des tableaux et autres objets cachés ! Les mêmes mouvements se font pour les personnes ! De même que je défie qui que ce soit de prononcer devant moi le nom de choses ou de personnes saintes et innocentes, sans que je sois surnaturellement attiré en versant des larmes de bonheur, de même je défie tout le monde de prononcer le nom de choses ou de personnes profanes, impies et sataniques, sans que je recule surnaturellement avec les apparences de la terreur les plus effrayantes. L'*Esprit divin* me permet d'écrire sous la dictée de Dieu, en tenant ma main baissée avec un écrit, tant qu'il est bien, et en me la soulevant surnaturellement avec le même écrit ou un autre, dès qu'il est mal, et en permettant ensuite à mon intelligence de trouve ce qui convient. Tout pourrait être ainsi écrit sous l'influence divine !!! L'*Esprit divin* me permet de guérir et de convertir les incrédules, les malades, les fous possédés de Satan, faussement traités comme hallucinés, etc. ; c'est ainsi que Dieu a guéri par mes prières, sans lesquelles je ne puis rien, Alexandre Dumas père, qui avait un affreux mal de jambes satanique qu'il avait gagné en la compagnie de *M. Home*, qui a la plus terrible possession démoniaque, etc.! C'est ainsi que Dieu a guéri par ma prière, un jeune possédé de Bicêtre, où j'ai été présenté une fois par la bienveillance de M. le docteur Moreau, et d'où il m'est dit que je puis arracher, ainsi que de Charenton et autres maisons de fous, la moitié au moins des pauvres possédés, à qui je fais éprouver les commotions les plus extraordinaires, en en subissant moi-même d'épouvantables.

L'Esprit divin m'a donné la certitude que *la tournomanie, les évocations aux esprits, le magnétisme, le somnambulisme, la chiromancie, la cartomancie, l'hypnotisme et autres magies sont des pratiques infernales et attirent toujours des esprits infernaux.*

L'Esprit divin m'apprend que toutes ces pratiques de magie rentrent dans les évocations, infernales au dernier chef, et me permet de les appeler les DIABOLI-ÉVOCATIONS ou *évocations du diable*, tandis que les invocations à Dieu, permises par l'Église, peuvent être appelées les DEI-INVOCATIONS qui, si elles étaient faites avec ferveur par les *dix véritables chrétiens que je cherche pour sauver Paris, où je n'ai pas encore trouvé l'ombre d'un homme,* enfanteraient des inspirés dignes des Moïse, des saint Paul, des saint Augustin et mille autres.

L'Esprit divin me disait que si j'allais voir tous les magiciens ou magiciennes, je serais témoin et acteur des faits les plus miraculeux, c'est ce qui est arrivé. M'étant présenté, avec la confiance que Dieu exige, chez plusieurs d'entre eux, j'ai été étonné moi-même des miracles qui se sont produits, non-seulement sur moi, mais encore sur les autres, ce qu'il est, sans doute, impossible d'attribuer à mon hallucination prétendue. Je ne cite qu'une trentaine de faits très rapidement. J'ai vu un évocateur et une évocatrice célèbres qui obtiennent l'écriture directe des esprits, c'est-à-dire qui déposent sur des tombes, par exemple, un papier blanc sur lequel l'esprit démoniaque écrit la signature des morts ou autre chose! Je demandais à l'évocateur s'il accepterait une séance publique, où il m'est dit que je parviendrais à tous les confondre et à les éclairer ; l'évocateur consulte son *esprit* qui lui dit de ne pas accepter! A l'instant l'évocatrice, qui était dans une chambre à côté, se présente et me lance avec une exaltation extraordinaire l'anathème infernal comme à un esprit *d'intolérance* quand je prêchais la *tolérance* à l'évocateur. Je voulais tomber à genoux pour la calmer et j'ai été retenu. Sur mes observations, elle m'a avoué que son esprit lui avait dit de se présenter pour me faire tomber à genoux et me faire fuir!! Il est évident que l'*Esprit divin* a battu complétement l'esprit infernal en lui faisant accepter une lutte qu'il refusait, en lui faisant parler d'*intolérance* quand je parlais de *tolérance* et en m'empêchant de tomber à genoux parce que le mauvais esprit voulait m'y faire tomber!! J'ai vu au journal le *Charivari* et ailleurs des jeunes gens qui se moquaient de moi; à l'instant, l'influence surnaturelle m'a fait reculer ou tourner devant eux en signe de punition et puis elle m'a poussé vers eux et m'a fait mettre mes mains dans les leurs en signe de miséricorde!! J'ai vu un illustre évocateur qui a lancé sur moi toutes les puissances infernales. J'ai été obligé d'appeler toutes les puissances célestes pour les terrasser!! C'était le spectacle le plus merveilleux en visions. Pendant que j'allais chez plusieurs évocateurs ou possédés, j'ai senti l'influence satanique qui me faisait reculer comme à Bicêtre et à Charenton, j'ai crié fortement : *Retire-toi, Satan*, et j'ai avancé comme si dix personnes me poussaient!

Un magnétiseur a voulu me magnétiser; il s'endormait lui-même et me réveillait!!

J'ai vu dix à douze somnambules; avant, pendant et après leur sommeil, elles éprouvent les commotions les plus étonnantes en ma présence. Je prie Dieu pour qu'il les retire de l'erreur, et elles tombent à genoux avec moi et m'enlèvent la ferveur de la prière! Deux se sont endormies parce qu'elles avaient eu des somnambulismes naturels, qui étaient divins!!

J'ai vu un grand génie qui, pour avoir voulu limiter la puissance divine, s'est fait écraser sous un acte de contrition que m'a arraché l'Esprit divin.

J'ai vu un chiromancien et une chiromancienne qui m'ont dit que j'avais la volonté dans la main! J'ai toujours été un pauvre inconstant avant mon inspiration! Ils m'ont dit que j'étais superstitieux, je ne l'ai jamais été, et quand madame m'a pris la main et me l'a lâchée, elle est restée comme paralysée, ce qui m'a prouvé que leur science est satanique.

J'ai vu un homme de lettres qui m'a dit avoir fait pacte avec Satan! Il a été complétement terrassé en se débattant comme un possédé.

J'ai vu un grand cartomancien en costume de sorcier, l'influence m'a attiré deux fois sur les cartes avec une force prodigieuse! J'ai vu chez lui le diable qui poussait une malheureuse consultante! Deux dames qui m'ont consulté dans le salon d'attente m'ont fait éprouver et ont éprouvé les plus vives émotions chez ce magicien, dont j'ai bouleversé les jeux!

J'ai vu un incrédule qui m'a dit qu'il ne croyait pas en Dieu? A l'instant l'*Esprit divin* m'a donné une suffocation extraordinaire, m'a forcé à répandre d'abondantes larmes, à dire un acte de contrition et a produit sur lui une telle commotion qu'il en pleurait d'un œil, je dis d'un œil de peur de mentir, car le plus petit mensonge m'attire des punitions ainsi que le moindre péché.

J'ai reculé devant un saint personnage par *cela seul* qu'il avait fait tourner des tables pour s'éclairer! J'ai vu un autre saint personnage qui croit que les évocations sont sataniques et qui m'a présenté un tableau fait par Satan évoqué et ue j'ai failli broyer sous mes pieds, qui ont été surnaturellement soulevés. L'*Esprit divin* me dit que monseigneur Sibour a été assassiné par l'influence satanique du malheureux Verger, parce qu'il se livrait à des évocations qui auraient perdu son âme, que Dieu a sauvée à cause de ses autres vertus! Quelles leçons pour les évocateurs, les tourneurs de tables et autres, à qui l'on peut prédire la folie, le malheur sur cette terre et peut-être la damnation éternelle. Je n'hésite pas à dire que je serais fou, possédé de Satan et damné si je n'avais pas repoussé avec horreur des évocations qui me faisaient faire un signe de croix différent de celui qui est prescrit et me faisaient croire au rachat de l'enfer, ce qui me courbait le front contre le parquet et me bouleversait! en me soumettant, j'ai trouvé le bonheur, la santé et la lucidité. O malheureux pécheurs! soumettez-vous donc à l'Eglise pour tout gagner.

A l'académie des sciences, j'ai éprouvé toutes les commotions électriques lorsque M. Leverrier a fait un rapport sur les aurores boréales, cause des perturbations télégraphiques, etc., etc.

Quand je passe devant les vapeurs des chemins de fer, l'*Esprit divin* me fait surnaturellement lever mon chapeau et me dit que sans l'intervention céleste les locomotives ne marcheraient pas faute de traction!

A l'académie impériale de médecine, quand on a parlé de la danse de *saint Guy*, j'ai ressenti des sensations qui me prouvaient que cette danse est due, en général, à des influences sataniques, c'est au reste ce qu'un docteur a dit avoir été soutenu par plusieurs personnes à la séance suivante, etc., etc.

J'ai vu une magicienne qui m'a dit qu'après avoir fait vœu de se confesser si la très sainte Vierge obtenait la guérison de son enfant, ne s'est pas confessée quoique son enfant ait été guéri! L'*Esprit divin* m'a précipité à genoux en m'arrachant un torrent de larmes pour l'engager à accomplir son vœu ! J'ai aperçu chez elle une foule de diablotins !

L'*Esprit divin* me fait éprouver les mouvements et les sensations les plus miraculeuses dans les cimetières, devant les cercueils, et sur certaines tombes, et notamment devant celle de M. Alfred Musset, au Père-Lachaise. Dans les églises, il y a, en général, un objet particulier où je suis attiré.

L'*Esprit divin* m'autorise à déclarer que j'ai trouvé, au moins, une vingtaine de prêtres qui ont compris mon influence surnaturelle, et qu'en attribuant tout à l'imagination, on risque de perdre ceux qu'on veut sauver ! Si j'avais cru le saint R. P. *Félix*, qui ne voit en moi ni Dieu ni diable, je serais peut-être un démon !!! Pour bien me faire voir que mon imagination ne peut rien, l'*Esprit divin* me fait faire *tout le contraire* de ce qu'elle rêve !!

L'*Esprit divin* me force à demander pardon à ceux que j'ai critiqués, même aux journalistes !

L'*Esprit divin* m'a dit, en me faisant sentir une piqûre au poignet, que le remède contre les cancers était l'*ortie* bouillie dans du vin blanc et de l'huile. L'*Esprit divin*, qui connaît la loi, me défend d'employer d'autres remèdes que ceux de la prière et des bons conseils, qui ne sont pas notés dans le *Codex* médical.

L'*Esprit divin* m'apprend que, soutenu par

la grâce *actuelle*, je tomberais aux genoux de la personne qui me poignarderait, et que je puis dire dès lors : *Je ne tuerai jamais*, tandis que *faute de la grâce, l'homme le plus honnête ne peut pas dire : Je ne serai pas un assassin !* C'est ce que prouvent chaque jour les cours d'assises, en frappant les *assassins de l'amour-propre offensé* et du lâche duel. Toute espèce d'homicide est un crime capital. Au lieu d'ange, il y a toujours *le démon* de l'assassinat.

L'*Esprit divin* me dit que si j'étais un enfant, un Juif ou un homme complétement illettré, les miracles qu'il m'a fait faire seraient déjà hautement proclamés par tout le monde ! ! !

Quand on me demande ce que je pense de l'hypnotisme, j'éprouve, avec étonnement, des commotions comme si j'allais tomber en syncope.

Lorsque M. Velpeau faisait un rapport pour savoir si l'on peut faire l'amputation dans le bas de la jambe quand le mal ne dépasse pas le haut, j'ai senti un fourmillement dans la cheville, et mon doigt soulevé a, surnaturellement, fait un signe d'incision au milieu de la jambe, puis j'ai senti tout à coup le fourmillement dans le mollet et mon doigt a, surnaturellement, fait le signe d'incision au genou. J'aurais voulu pouvoir me prosterner la face contre terre en pleine Académie devant un pareil miracle.

3.

L'influence divine m'ayant fait tourner devant une tête phrénologique, j'ai demandé si c'était satanique; il m'a été répondu que non; mais il m'a été dit que la science phrénologique était complétement fausse.

Je jure devant Dieu que, le 15 mars 1860, l'*Esprit divin* m'a conduit, en me faisant courir, en me suffoquant et me faisant verser des larmes, au Palais-de-Justice où avaient lieu les débats du malheureux procès entre le *Siècle*, madame Bertin et Mgr d'Orléans. Je jure que, n'ayant pas pu entrer à la première chambre, pendant que j'étais dans la seconde, à côté, j'ai senti aux mains, aux pieds, au côté gauche et au front des piqûres extraordinaires qui étaient le signe du crucifiement infligé à Notre Seigneur Jésus-Christ, par cette déplorable affaire, au sujet de laquelle j'avais mis un petit article dans mon journal l'*Uniteur*, et écrit aux rédacteurs du *Siècle* et à Mgr d'Orléans, afin de l'arrêter; il est sorti de mon nez quelques gouttes de sang à cette occasion!! L'influence m'a forcé à tenir mon chapeau bas pendant que j'attendais à la porte de l'audience transformée en calvaire!

Étant allé prier à Notre-Dame de Paris, qui m'attire avec une puissance inexprimable, au moment où, dans le *Pater*, je disais : *Pardon-*

nez-nous nos offenses, j'ai senti une résistance qui me prouvait qu'il était difficile à Dieu de pardonner ! C'est une raison de plus pour prier sans cesse en faveur de tous les personnages, profanes et sacrés de ce procès crucificateur !

O mon Dieu ! pardonnez à leur crime profond,
Quoique peut-être, hélas ! ils sachent ce qu'ils font !

Chez une célèbre femme de lettres, l'*Esprit divin* m'a fait ouvrir une page de la Bible, et m'a fait poser mon doigt sur le n° 42, où il était question des esprits démoniaques dont je lui parlais ! Il faudrait être incarné dans Satan pour ne pas voir dans ces faits la présence réelle de Dieu !

Je pourrais citer des milliers de miracles plus grands peut-être que ceux-ci, il faudrait pour les raconter des volumes qui seront publiés plus tard par moi ou par d'autres sur les cahiers faits par Mme Gagne à mesure que je lui parlais de mes visites chez quatre à cinq cents personnes. Je finis en déclarant que l'*Esprit divin*, qui ne me permet de rien faire de bien sans la prière toute-puissante, me donne un tel amour pour l'humanité que la fraternité divine existerait sur l'heure si tout le monde pouvait avoir mon inspiration. Chacun peut acquérir l'inspiration, en jurant un dévouement sans borne au prochain, en jurant une guerre acharnée à tout ce qui sent le péché, en se soumettant complétement à ce qu'enseigne l'Eglise et en priant Dieu et la très sainte Vierge. La très sainte Vierge parfume de l'encens le plus doux toutes les inspirations divines qui me font entendre les harmonies célestes avec une suavité si entraînante, que l'Esprit divin les enlève à mes extases en me disant : *Tu ne pourrais plus les soutenir, mon ami !* Faites, ô mon Dieu ! que je puisse faire pénétrer dans tous les cœurs la certitude que vous m'avez donnée, afin que je puisse ramener à vous toutes les âmes des pécheurs !

Pour céleste présent, dans l'amour qui m'inonde,
Je voudrais, ô mon Dieu, vous donner tout le monde !

Post-face.

En demandant pardon à Dieu et aux hommes de tout ce que je puis faire de mal, je crois pouvoir déclarer que je livre à la publicité *l'histoire de ma mort, les mémoires de ma vie* et le *bonheur du crucifiement,* dans le but d'éclairer et de convertir les magiciens, les incrédules, les possédés, et enfin dans le but d'attirer l'attention de l'Église, à laquelle je suis soumis.

J'ose espérer que les âmes charitables voudront bien me faire l'honneur de supposer que j'agis pour la plus grande gloire de Dieu et le bonheur de mon prochain.

FIN.

LE BONHEUR DU CRUCIFIEMENT.

POÉME A RÉVEILS

En douze Chants et plusieurs Miracles.

—

PROLOGUE.

Pour l'homme qui du Christ a le saint dévouement
Le suprême bonheur, c'est le crucifiement.

O divin Rédempteur qui, pour sauver les hommes,
Avez voulu mourir sur l'arbre de la croix,
Et subir dans l'enfer de la terre où nous sommes
Des maux qui font ployer l'univers sous leur poids,
Quand, quoique toujours plein d'une raison bénie,
Pour m'offrir de la croix le supplice infamant,
Tout va me flageller des fouets de la folie,
O Christ, soutenez-moi dans mon crucifiement!

PREMIER CHANT MIRACULEUX.

Miracles du crucifix chassant les démons évoqués.
Vision d'un démon sous la forme d'un chat.

Naguère, pour chasser d'un impur domicile
Les sprits infernaux évoqués par des fous,
Du crucifix orné d'un chapelet fertile
J'avais armé ma main que je leur tends à tous ;
Après un long combat avec les esprits sombres,
Qui sifflaient en fuyant dans l'épouvantement,
Je les avais chassés comme d'impures ombres ;
Le Christ me soutenait dans mon crucifiement.

Sous la forme d'un chat gris aux lunes blanchâtres,
Et dont le Christ m'a dit : « Voilà la vision
Que tu m'as demandée en tes rêves folâtres, »
Sans nul doute j'ai vu l'esprit le plus félon ;
Un instant tout tremblant j'ai regardé le traître
Qui devant moi, courbé, restait tranquillement,
Et puis je l'ai vu fuir sans bruit par la fenêtre ;
Le Christ me soutenait dans mon crucifiement.

DEUXIÈME CHANT MIRACULEUX.

Le miracle de l'amour filial. — Le miracle des cendres.

Pendant que des docteurs arrivaient à la hâte,
Le Sauveur m'apprêtait au voyage fatal.

Et me faisait devant le miroir qui me flatte,
Prendre l'humilité de l'amour filial
En chassant de mon corps les poses emphatiques
Que voulait me vanter un orgueil alarmant,
Pour m'offrir des élus les poses extatiques.
Le Christ me soutenait dans mon crucifiement.

Ah ! comment raconter la bonté tutélaire
Du divin Rédempteur, qui détourna mes yeux
Sur le manteau d'un père et les traits d'une mère,
Que je couvris soudain de mes baisers pieux ;
A qui je demandai mille pardons magiques,
Devant qui j'inclinai mon front sévèrement,
Et dont mon cœur sentit palpiter les reliques ;
O Christ, vous exaltiez mon saint crucifiement

O combien je versai de larmes secourables
Quand il fallut quitter ces doux et saints objets,
Qui remplissaient mon cœur de transports ineffables
Et donnaient la puissance à mes nobles projets.
La séparation du crucifix céleste
Qu'il fallut faire au seuil du Calvaire fumant,
Peut seule dépasser mon amour manifeste ;
Le Christ divinisait mon saint crucifiement.

Sans que je pusse rien dès l'abord y comprendre,
Le Christ me fit coucher près du foyer éteint,
Et là, me fit frotter mon front avec la cendre
Dont jamais presque, hélas ! je ne m'étais empreint,

Ainsi que le disait d'une voix douce et grave
Le Christ que je comblais de mon remercîment,
Et qui de mon néant me faisait voir la lave ;
Le Christ purifiait mon saint crucifiement.

TROISIÈME CHANT MIRACULEUX.

Le miracle du mutisme ordonné. — Le miracle de la clémence.

A l'aspect des docteurs, plein d'un esprit lucide,
Je n'ai pour me sauver qu'à lancer un mot net ;
Mais le divin Sauveur qui m'inspire et me guide,
M'ordonne le silence et je reste *muet !*
Je fais baiser le Christ aux docteurs, sans colère,
Je l'embrasse moi même avec tressaillement,
Et je prends, tout joyeux, le chemin du Calvaire !
Le Christ divinisait mon saint crucifiement.

Bien loin de m'ordonner d'immoler sur la place
Les hommes qui venaient tristement l'immoler,
Le Christ divin m'ordonne un pardon plein de grâce,
Et je sens tout courroux à l'instant s'envoler !
Ah ! quel autre qu'un Dieu que je saurai défendre
Au prix de tout mon sang, perpétuellement,
A ce grand sacrifice aurait pu condescendre !
Le Christ divinisait mon saint crucifiement.

QUATRIÈME CHANT MIRACULEUX.

Miracle du crucifix, imprimé sur mon front, pendant mon trajet
à la maison de santé.

Tenant toujours en main le crucifix céleste
Que je montre, sans peur, aux regards des passants,
J'arrive promptement au Calvaire funeste
Qu'habitent la folie et des maux frémissants,
Après avoir marqué, par l'ordre de Dieu même,
Mon front pâle où le sang coule légèrement,
Avec le crucifix qui fait mon bien suprême,
Le Christ fait un bonheur du saint crucifiement.

Le Christ m'a fait bénir ces lieux presque sauvages,
Ces royaumes pleureurs des douches en essor,
Où ceux qu'on nomme fous bien souvent sont les sages
Que transfigure Dieu sur un brillant Thabor.
Le Christ m'a de la croix fait répéter les signes
Sur ce palais royal du noir médicament,
Pour que les fous démons de Dieu devinssent dignes !
Le Christ transfigurait mon saint crucifiement.

CINQUIÈME CHANT MIRACULEUX.

Miracle de l'orgueil dompté. — Miracle de la passion, etc.

Suivant l'esprit divin qui sans cesse m'inspire
Et fait de mon malheur le plus parfait bonheur,

J'ai fait heurter mon front sur le mur qui soupire,
Pour en faire sortir l'orgueil empoisonneur,
Car le Christ dont l'amour marqua mon front qui saigne
M'a dit que l'âpre orgueil au noir rugissement
Des péchés capitaux est la plus triste enseigne ;
Le Christ divinisait mon saint crucifiement,

Toujours prompt à subir les plus grands sacrifices,
N'écoutant que la loi de l'expiation,
Que m'avaient fait jurer les célestes justices
Pour arracher mon âme à la damnation,
J'ai subi du Sauveur la passion divine ;
J'ai scié mon cercueil, fait mon enterrement,
En criant : Tout pour Dieu qui sans fin me domine ;
Le Christ fait un bonheur du saint crucifiement !

SIXIÈME CHANT MIRACULEUX.

Miracles des spectres,
Miracles des extases et des splendeurs célestes.

Du fond de mon réduit et de mon lit funèbres,
Où rôdait de la mort le spectre ensanglanté,
Que je voyais errer au milieu des ténèbres,
Je buvais les nectars de la félicité !
Mon esprit, transporté d'une invincible extase,
S'élançait dans les cieux avec ravissement,
Et me montrait de Dieu l'image qui m'embrase !
Le Christ divinisait mon saint crucifiement.

Toujours l'*Esprit divin* rayonnait dans mon âme,
Et lui montrait du ciel les saintes vérités ;
Toujours l'*Esprit divin* commandait à ma flamme,
Et l'inondait d'éclairs brillants de vérités ;
Foudroyés de splendeurs, mes yeux et mes oreilles,
Ont vu le paradis avec tressaillement,
Ont entendu des cieux les harpes sans pareilles ;
L'*Esprit divin* sacrait mon saint crucifiement.

SEPTIÈME CHANT MIRACULEUX.

Miracle de l'examen de conscience.
Miracle de l'amour divin.

Tantôt l'*Esprit divin*, qui commandait en maître,
En me laissant toujours le libre arbitre saint,
Déroulait à mes yeux, en panorama traître,
Les péchés qu'à l'aveu sa puissance contraint ;
Tantôt il me montrait les infernaux abîmes
Où j'allais me plonger avec frémissement,
Si je ne fuyais pas les repaires des crimes.
L'*Esprit divin* sacrait mon saint crucifiement.

Tantôt l'*Esprit divin*, de l'unité nouvelle,
Fait briller les soleils en rayons merveilleux,
Et conduit au bonheur l'Église universelle
En réunissant tous les pontifes pieux.
Il me montre le Christ pour cette unité-mère,
Vers qui tout vole avec un pur empressement

Prêt à s'anéantir dans le sein de son Père!!
L'*Esprit divin* sacrait mon saint crucifiement.

HUITIÈME CHANT MIRACULEUX.

Miracle de la *sainte folie* de la croix. — Miracles de la voix de
Dieu donnant la certitude.

Souvent l'*Esprit divin* me dit que je possède
Une *sainte folie* éclipsant la raison,
Qu'une *folie impie* et satanique obsède,
Et me fait de la Croix la révélation;
L'*Esprit divin* me montre un Dieu que tout adore,
Transportant dans les cieux l'univers en tourment,
Et que vient éclairer la plus céleste aurore;
L'esprit divin sacrait mon saint crucifiement.

« *Toujours la voix de Dieu donne la certitude;*
Non, Dieu ne trompe pas, non, Dieu ne trompe pas,
Disait sans fin l'Esprit à ma béatitude,
Quand le doute infernal me livrait des combats.
Tu vois la vérité, tu la sens, tu la touches
Par tes yeux, et tes sens et ton entendement,
Et tu dois l'annoncer avec toutes les bouches :
L'*Esprit divin* bénit le saint crucifiement. »

NEUVIÈME CHANT MIRACULEUX.

Miracles de l'Ordre de Dieu.

« Va, va, me disait Dieu, va chanter à tout homme
Les saintes vérités dont tu ne peux douter ;
Va, s'il le faut, porter au pontife de Rome
Les grands décrets de Dieu, que tout doit écouter.
Brave tous les cachots et les sombres tortures,
Ainsi que sur la Croix, tu m'en fis le serment,
Pour faire triompher les splendeurs les plus pures :
L'Esprit divin bénit le saint crucifiement. »

« Mais, pour bien accomplir leurs missions sacrées
Qui doivent apporter le salut aux mortels,
Les ames des chrétiens doivent être inspirées
Et fuir les passions des hommes sensuels ;
C'est ainsi que jadis les saints et les apôtres
Des plus hautes vertus s'inspiraient vaillamment
Avant d'aller prêcher les lois du Christ aux autres :
L'Esprit divin bénit le saint crucifiement. »

« Chasse, chasse à jamais la fatale souillure,
En en faisant l'aveu par la confession ;
Donne, donne à ton âme une ample nourriture,
En lui donnant le pain de la Communion ;
Et le cœur enflammé d'une éloquence rare,
Tu pourras commencer, sans nul accablement,

Le saint apostolat auquel je te prépare :
L'Esprit divin bénit le saint crucifiement. »

» Cesse de critiquer, avec mille amertumes,
Les talents égarés par un esprit païen,
Et que malgré l'écart de leur sens, de leurs plumes,
J'espère voir venir dans le sentier du bien ;
Car à leurs pauvres cœurs, en répandant des larmes,
Jésus-Christ veut frapper continuellement,
Afin que pour ma cause ils prennent tous les armes,
Dieu les éclairera par leur crucifiement. »

DIXIÈME CHANT MIRACULEUX.

Miracles de l'amour des souffrances. — Miracles de la soumission.
— Miracles de la sainte audace.

Frappez, Dieu trois fois saint, frappez, frappez encore
Le pécheur qui jeta la plainte à vos bienfaits,
Et qui, dans son orgueil sué par chaque pore,
Ne trouvait nulle part le bonheur et la paix.
Frappez, frappez, mon Dieu, sans pitié ni mesure
Le nain qui, contre vous, blasphèma lâchement ;
J'accepte tous vos coups sans le moindre murmure,
Mon suprême bonheur : c'est le crucifiement.

Que votre volonté, mon Dieu, soit toujours faite,
Et que tous mes désirs soient toujours effacés ;
Puisque votre rigueur rend l'âme plus parfaite,
Votre amour ne pourra jamais punir assez.

La résignation est toute la science
Du bonheur que l'impie espère vainement ;
De l'homme résigné j'aurai la patience.
Mon suprême bonheur : c'est le crucifiement.

Je dirai constamment, sans fard et sans contrainte :
Mon Dieu, je m'humilie et je m'anéantis
Dans les flots paternels de votre grâce sainte ;
Car, je sais que sans vous, ô mon Dieu, je pér
Je sais que si jamais, par un orgueil stupide,
J'osais m'attribuer un pouvoir alarmant,
Je serais foudroyé comme un vil déicide.
Mon suprême bonheur : c'est le crucifiement.

J'aurai, j'aurai du ciel les divines audaces,
Puisque les méchants ont l'audace de l'enfer.
J'écraserai, par vous, les esprits à grimaces,
Qui déchirent leurs fous par la flamme et le fer.
Et l'incrédulité qui rit des saints miracles
Que vous faites par moi victorieusement,
Chantera le triomphe et vos divins spectacles.
Éclairez tout, mon Dieu, par le crucifiement.

ONZIÈME CHANT MIRACULEUX.

Conseils aux docteurs.

J'ai, dites-vous, docteurs de la pathologie
Où je vois avec peine un infernal pathos,

La folie en congrès, voisine du génie,
Sans recevoir de Dieu les célestes cadeaux !
Mais, comment expliquer la folie en merveilles
Que le fort libre arbitre éteint subitement,
Ainsi que je l'ai fait, hélas ! pendant mes veilles.
Eclairez-les, mon Dieu, par leur crucifiement.

Non, non, je le soutiens, la fatale démence
Ne peut pas centupler notre faible raison,
A moins de soutenir qu'avec toute puissance
Les sages sont les fous du pauvre Charenton !
C'est l'inspiration divine qui m'anime,
Sans étaler d'orgueil, je le dis hautement,
Vous faites en niant un déicide crime.
Eclairez-les, mon Dieu, par leur crucifiement.

Savez-vous bien pourquoi, docteurs aliénistes,
Vous êtes presque tous, *dit-on*, aliénés ?
C'est parce que Dieu fuit les matérialistes
Qui dans les inspirés voient des hallucinés ;
Apprenez, ô docteurs, que, sur la pauvre terre,
Les plus fous sont ceux qui croient le moins fermement ;
Car ils risquent toujours leur salut nécessaire.
Eclairez-les, mon Dieu, par leur crucifiement.

Voulez-vous, ô docteurs, faire des cures promptes
Dont vous pourrez avoir une juste fierté ?
Chassez les faux respects, chassez les fausses hontes ,
Visitez avec Dieu les maisons de santé ;

Servez aux possédés les sucs de la morale,
Donnez-leur du Sauveur l'amour chrétiennement,
Otez-leur l'hypnotisme infernal du scandale ;
Livrez-vous avec eux au saint crucifiement.

Laissez-moi visiter Charenton et Bicêtre,
Où les fous de Satan grandissent par vos soins,
Si, par une prière ardente au divin Maître,
Je n'en retire par la moitié pour le moins,
Dans ces tristes palais de la folie altière,
Je consens à rester perpétuellement,
Pour mieux vous y presser la main en bon confrère
Et pour vous y sauver par le crucifiement.

Ainsi que je l'ai dit d'un accent trinitaire
Dont je voudrais remplir l'univers ébranlé,
Je redirai sans fin, d'une voix de tonnerre :
C'est Dieu, c'est Dieu, c'est Dieu, c'est Dieu qui m'a parlé!
L'Esprit divin est là, le miracle déborde,
Nier, c'est se nier soi-même sottement,
C'est préférer à Dieu Satan, qui tient la corde,
C'est préférer l'enfer au saint crucifiement.

C'est l'esprit divin seul qui peut, par ma présence,
Confondre et convertir les fous que Satan suit :
Les somnambules mus par ma prière immense,
Les fameux médiums, dont l'*esprit* perd l'esprit,
Les noirs évocateurs que le diable convoque,
Les grands cartomanciens pleins d'un faux battement,

Les preux chiromanciens qui battent la breloque,
Et tous les ennemis du saint crucifiement.

C'est l'esprit divin seul qui, d'une force extrême,
Me faisant avancer ou reculer partout,
Me permet de juger, sans aucun stratagème,
La moralité sainte et vérité de tout!!!
C'est l'esprit divin seul qui, dans les plus doux char-
Vers le pauvre et l'enfant m'attire saintement   [mes,
En me faisant verser les plus célestes larmes,
En *surdivinisant* le saint crucifiement!

O docteurs, en taillant les cadavres inertes
Avec l'affreux scalpel de l'incrédulité,
Devant leurs cavités de toute âme désertes,
Vous niez les soleils de l'immortalité!
Ah! prenez les scalpels de la foi qui repose,
Et, dans les inspirés surnaturellement,
Vous cesserez de voir *la petite névrose*,
Vous verrez le grand Dieu du saint crucifiement.

DOUZIÈME CHANT OU LE CHANT DE L'AVENIR.

Chœur des Peuples.

O peuples que, sans fin, les volcans sataniques
Font sauter tout sanglants dans l'air bouleversé
Afin d'édifier sur des bases bibliques
L'avenir triomphant du monde renversé,

Aux pieds des saints autels pleins de gloires divines,
Donnons-nous sans retard un pur embrassement,
Et crions, en pressant la croix sur nos poitrines :
Le chant de *l'avenir*, c'est le crucifiement !

Malgré quelque refrain virginal des bergères,
Le long chant du *passé* fut le chant des Nérons ;
De toutes les vertus renversant les barrières,
Le vil chant du *présent* est le chant des démons !!
Disons que, pour sauver le monde qui blasphème,
Écho du ciel qui luit comme un pur diamant,
Le chant de *l'avenir* est le chant de Dieu même !
Le chant de l'avenir, c'est le crucifiement !

Refuser d'accepter d'héroïques martyres
Et les sanglantes croix pleines de doux rayons,
C'est refuser de prendre, avec leurs saints empires,
La Vierge et le Sauveur pour dignes compagnons !
C'est refuser, faisant un suicide lâche,
Le salut, sans qui tout n'est rien absolument,
Car la Vierge et le Christ nous disent sans relâche
Pour vous sauver souffrez le saint crucifiement !

En voyant les païens triompher sans obstacle,
Ainsi qu'il le disait sur la croix du remord,
Jésus-Christ dit sans fin, du fond du tabernacle,
Mon âme est aujourd'hui triste jusqu'à la mort !!
Hélas ! pour consoler le Rédempteur qui pleure,
En priant avec lui pour le monde écumant,

Partageons ses douleurs et crions à toute heure .
Le chant de l'avenir, c'est le crucifiement!

Pour les mortels que damne un plaisir idolâtre,
Le Calvaire est le seuil du divin paradis.
Fuyant des voluptés ie criminel théâtre,
Courons tous avec joie aux calvaires bénis !
Sur les tréteaux brisés du veau d'or plein de fanges.
Élevons les autels du saint détachement,
Et crions tous en chœur avec la voix des anges :
Le chant de l'avenir, c'est le crucifiement !

Pourquoi faut-il, ô ciel! que quand, d'un air aimable,
Sans craindre de l'enfer les tortures de feu,
Tout reçoit tendrement les envoyés du diable,
Tout chasse avec horreur les envoyés de Dieu ?
Il faut donc décider par ses lugubres actes
Que, dans l'impiété qui le suit constamment,
Le monde avec Satan a fait d'horribles pactes,
Et préfère l'enfer au saint crucifiement!

Afin de conquérir l'inspiration sainte
Jurons, jurons l'amour sans limite au prochain,
Jurons guerre infinie aux péchés pleins de crainte,
Jurons paix infinie à l'Église sans fin !
Veillons pour éviter mille chutes mortelles,
Faisons-nous des vertus un chaste vêtement;
Prions pour obtenir les grâces éternelles;
Ressuscitons-nous tous par le crucifiement!

LES MONARQUES DE L'AVENIR.

O chefs des nations, ô tout puissants monarques
Que le Christ couronna de ses sanglants bandeaux,
Pour guider des destins les chancelantes barques
Et porter dans la nuit ses radieux flambeaux,
Faisons le grand congrès de la sainte alliance ;
Transfigurons-nous tous sur le Thabor fumant,
Et disons sur la croix, que l'univers encense :
La gloire des saints rois, c'est le crucifiement.

LES ÉCRIVAINS ET JOURNALISTES DE L'AVENIR.

O vous tous, écrivains, rédacteurs, journalistes,
Qui prétendez guider le grand char du progrès,
Cessant de vous livrer des duels anarchistes,
Faites de l'unité le sublime congrès ;
Dans le *sursum corda* du réveil de la vie,
Courez tous au banquet du divin sacrement !
Imposez, sans sommeil, le *silence à l'orgie* !
Savourez les festins du saint sacrifiement !

LES MUSICIENS DE L'AVENIR.

Amants tout inspirés des divines musiques
Que font les chérubins dans les plus doux transports,
Pour imiter du ciel les célestes cantiques,
Adoucissons toujours nos terrestres accords ;

La musique, sans fard, de l'avenir qui brille
Repousse des tambours le bruyant roulement.
La musique est du Christ la virginale fille!
Le chant de l'avenir, c'est le crucifiement.

LES POÈTES DE L'AVENIR.

O poètes nommés *genre neutre irritable*,
O Christs du Golgotha de la lyrique faim!
Montrez que, descendant du Dieu seul adorable,
Les poètes sacrés sont du *genre divin*!
Aux siècles à venir dont l'amour nous contemple
En attendant de nous son grand couronnement,
De toutes les vertus donnons le saint exemple :
Les poètes sont faits pour le crucifiement!

Ah! c'est pendant ces temps où, d'un ton volcanique,
Lançant jusques aux cieux les laves de Paris,
Le monde entier doit être athée ou catholique,
Et mourir dans l'enfer ou vivre en paradis,
Ah! c'est pendant ces temps surtout que, sans remise,
Imitant du Sauveur l'éternel dévouement,
Il nous faut, tous en chœur, chanter avec l'Église :
Le suprême salut, c'est le crucifiement!

LES PHILOSOPHES DE L'AVENIR.

O philosophes noirs, enfants de l'athéisme,
Qui, reniant le Dieu personnel, créateur,

Prenez pour votre Dieu le rationalisme,
Qui de tout sens commun est le jugulateur,
Confesseurs de l'amour, de la femme sans trône,
Qui faites du néant le dernier logement,
Reconnaissez le Dieu des femmes qu'il couronne
Et par la pénitence et le crucifiement !

Croyez, croyez, croyez à la toute-puissance
Du Dieu qui, d'un seul mot, du néant nous tira,
Et vous comprendrez *tout* avec l'intelligence
Qui ne comprendra *rien* tant qu'elle doutera !
Avec vos *subjectifs* remplis du *moi* risible
Que forgent vos raisons en déménagement,
Vous enfantez le *Dieu de l'incompréhensible.*
La sagesse de tout, c'est le crucifiement !

LES ACADÉMICIENS DE L'AVENIR.

Académiciens de la science pie,
Des beaux-arts que Satan remplit de fausseté,
Le chant de l'avenir de toute académie
Doit être un chant d'amour au Dieu de vérité.
Chassons de nos palais ces dieux philosophiques,
Qui se forgent un ciel rempli d'éternuement,
Dont sans doute riraient les faux dieux olympiques !
Le chant de l'Institut, c'est le crucifiement !

Astronomes, lorgneurs des grands observatoires,
Voyez par l'œil de Dieu les astres en réveil

Que dans leur barbe en feu font sourire vos gloires
Qui s'éclipsent souvent sous un coup de soleil !
O savants, retenez la foudre académique
Qui du siècle malin fait le ricanement.
Cessez de courtiser la lune politique :
Le chant de l'Institut, c'est le crucifiement !

LES FEMMES DE L'AVENIR.

O femmes, qui pensez être les malheureuses
Du monde, qui vous fait des génuflexions,
Voulez-vous désormais être les *bienheureuses*
Et sauver par l'amour toutes les nations ?
Suivez les doux conseils de la Vierge Marie,
Pleurez comme elle aux pieds de la croix en aimant ;
Parfumez-vous du sang du Christ à l'agonie :
Le bonheur de la femme est le crucifiement !

Dieu fait de la souffrance une béatitude
Lorsqu'on sait bien pour lui souffrir avec amour,
Quand du plus petit mal on a l'inquiétude,
Satan fait du malheur un infernal vautour :
La souffrance qu'on aime aussitôt diminue,
La souffrance qu'on hait s'accroît incessamment,
L'amour divin fait vivre et la haine âpre tue ;
O femmes, votre amour, c'est le crucifiement !

LES JEUNES ENFANTS ET LES JEUNES FILLES DE L'AVENIR

O reine, sans péchés, des vierges les plus sages,
Qui nous comblez sans fin des plus douces faveurs,

Et qui, pour couronner nos trop faibles hommages,
D'harmonie et d'encens parfumez nos ardeurs,
O mères des enfants, et du monde en ruines,
Obtenez le salut de ce monde alarmant,
Pour qu'il chante en montant vers les voûtes divines
La résurrection, c'est le crucifiement !

L'ESPRIT DIVIN DANS L'AVENIR.

Pour mieux faire éclater sa gloire souveraine,
L'Esprit divin me dit qu'aux yeux de tout Paris,
Dieu me fera courir sur les eaux de la Seine
En tenant à la main le sanglant crucifix !
L'esprit divin me dit que d'un vol mémorable
Dieu me fera planer sur tout saint monument,
D'où je ferai tomber les possédés du diable !
Pourvu que je sois prêt au saint crucifiement !

L'Esprit divin me dit en termes électriques
Qu'à ma sainte prière il guérira soudain
Les aveugles, les sourds et les paralytiques,
Et les agonisants qui touchent à leur fin !
L'esprit divin me dit que par la grâce ardente
Je ressusciterai les morts subitement
En plaçant sur leur front la croix sanctifiante.
Gloire, gloire sans fin au saint crucifiement !

L'Esprit divin me dit que pour réduire en poudre
Tous les blasphémateurs du Christ qu'ils font mourir.

Je pourrai dans les airs faire éclater la foudre
Par le mot : *Gloire à Dieu !* que j'entends retentir.
L'esprit divin me dit que dans un temple unique,
Unissant les partis miraculeusement,
Je pourrai terrasser le démon politique ! ! !
Gloire, gloire sans fin au saint crucifiement.

L'*Esprit divin* me dit que, porté sur ses ailes,
Je pourrai devancer les plus lestes coursiers,
Pourvu qu'on place au but, avec de pieux zèles,
La croix qui me fera gagner tous les lauriers !
L'*Esprit divin* me dit, dans ses faveurs sans bornés,
Qu'avec les yeux bandés très hermétiquement,
Je passerai partout sans heurter nulles bornes.
Gloire, gloire sans fin au saint crucifiement !

L'*Esprit divin* me dit, en offrant à ma vue
Les cieux, qu'ouvre la Vierge à nos ardents désirs,
Que si l'impiété m'offrait la croix prévue,
J'accepterais gaiement la palme des martyrs !
L'esprit divin me dit qu'en forces surhumaines
Je tendrais mes deux mains très héroïquement
A ceux qui m'offriraient des bracelets de chaînes !
Gloire, gloire sans fin au saint crucifiement.

L'*Esprit divin* me dit, pour couronner les grâces
Dont il daigne combler mes trop faibles combats,
Qu'en faisant succomber leurs impiétés lasses,
Je sauverai tous ceux qui chantent mon trépas !

L'*Esprit divin* me dit que mes saintes prières
Feront monter aux cieux le plus divinement
La terre transformée en Éden de lumières.
Gloire, gloire sans fin au saint crucifiement !

L'*Esprit divin* enfin lassé par les sarcasmes
Des noirs blasphémateurs qui peuplent l'univers,
Et dont la haine accroît mes saints enthousiasmes,
Veut, par un *coup d'état*, sauver tous les pervers :
L'*Esprit divin* me dit qu'en célestes spectacles,
Quand le voudront l'église et le gouvernement,
Dieu me fera soudain opérer ces miracles ! ! ! !
O, peuples, chantez tous gloire au crucifiement !

ÉPILOGUE.

O dignes inspirés qui prîtes pour compagnes
Les divines vertus dont le puissant levier
Comme un faible roseau soulevant les montagnes,
Fait de l'enfer aux cieux monter le monde altier,
Priez Dieu de créer *dix chrétiens véritables*,
Que, pour sauver Pa is, je cherche vainement,
Afin qu'obéissant aux lois des Douze Tables,
Tout chante gloire, gloire au saint crucifiement !

O grand Dieu, dont l'amour à la sainte auréole,
Daigna me terrasser comme un nouveau saint Paul,
Ah ! donnez-moi le glaive ardent de la parole
Pour prêcher du salut le saint Sébastopol !

Inspirez par ma voix tous les cerveaux opaques,
Sauvez, sauvez le monde en bouleversement,
Et faites que tout chante aux saints banquets des pâ-
La résurrection, c'est le crucifiement.   [ques ;

Mais déjà l'arc-en-ciel de l'unité vivante
Luit comme un *labarum* sur le monde exalté,
Par le baume sauveur de la croix triomphante,
Dieu guérit le cancer de l'incrédulité.
Le *divinisme* saint détruit le *satanisme.*
Tout voit, tout croit, tout vit, tout meurt chrétienne-
Libre, égal, fraternel, dans le christianisme,   [ment ;
Tout est ressuscité par le crucifiement !

Le saint règne de Dieu sur cette terre arrive !
Le paradis perdu descend du haut des cieux ;
Inspirant tous les cœurs par sa puissance active,
Dieu détruit de Satan le règne ténébreux ;
Le chant de l'avenir fait vibrer ses fanfares ;
Tout chante le Très-Haut universellement ;
Le monde ressuscite avec tous les Lazares ;
Le saint bonheur succède au saint crucifiement !

FIN.

Paris. — Imp. de Dubuisson, rue Coq-Héron, 5.

www.ingramcontent.com/pod-product-compliance
Lightning Source LLC
Chambersburg PA
CBHW051118050726
47594CB00003B/856